Samuel Awadhifo Ayibho

Idolâtrie : au risque de la foi chrétienne

Samuel Awadhifo Ayibho

Idolâtrie : au risque de la foi chrétienne

Éditions Croix du Salut

Imprint
Any brand names and product names mentioned in this book are subject to trademark, brand or patent protection and are trademarks or registered trademarks of their respective holders. The use of brand names, product names, common names, trade names, product descriptions etc. even without a particular marking in this work is in no way to be construed to mean that such names may be regarded as unrestricted in respect of trademark and brand protection legislation and could thus be used by anyone.

Cover image: www.ingimage.com

Publisher:
Éditions Croix du Salut
is a trademark of
Dodo Books Indian Ocean Ltd. and OmniScriptum S.R.L publishing group

120 High Road, East Finchley, London, N2 9ED, United Kingdom
Str. Armeneasca 28/1, office 1, Chisinau MD-2012, Republic of Moldova, Europe
Printed at: see last page
ISBN: 978-620-6-16875-1

Avant-propos

Nous ne voulons pas entraver cet ouvrage attaquer les uns ou les autres. Il s'agit tout simplement d'une réflexion philosophique pour comprendre l'évangile. Dans cette perspective, elle doit être critique et autocritique.

Il n'est pas question d'engager le débat, ici entre les personnages religieux dans ce thème. Car il n'y a pas eu. Et d'ailleurs, c'est là ; la signification de l'expression « Quelqu'un a dit ». C'est dans cette perspective, nous tentons d'en faire explication en liberté.

Les chrétiens sont appelés à la vigilance. Le plus grands désire de l'Antichrist est de les éloigner de Dieu. Le malin cherche à confondre l'idée des fidèles avec l'art et la philosophie ; pensées religieuses remplies des mensonges et mélangées des quelques vérités.

Il envoie ses messagers confondre ceux qui veulent chercher Dieu. Il fait en sorte que le message de Jésus passe comme une folie. Il travaille ardemment avec son armée pour affaiblir les églises. Il lasse des divisions, il tente de détruire la vie de ses serviteurs en les aveuglants avec le sexe, gratitude et manque des temps ponctuels.

Remerciements

Nous remercions d'abord l'Eternel Dieu pour sa providence. En deuxième perspective nous disons merci à toute la famille biologique et scientifique.

Nous voulons aussi remercier tous les chrétiens dans le monde. Enfin Merci à tous nos lecteurs du présent et futur qui vont s'inspirer de ce livre.

Awadhifo Ayibho

OUVERTURE DE PREMIER ACTE

Il y'a ceci comme déclaration : « L'église catholique est une salle d'attente pour l'enfer. Je l'ai dit. Mettez sur internet », a dit un Révérend Pasteur. A y voir de près, c'est le pasteur qui a donné le coup d'envoi de ce clash.

Il a tenu des propos qui n'ont pas intéressé aux catholiques. Le prêtre, très connu sur les réseaux sociaux pour ses interventions très partagées n'est pas resté calme. Il a répondu au pasteur, qui, il faut l'exprimer est respecté sur les réseaux sociaux par ses fidèles également.

En toutes perspectives, le prêtre de l'église catholique dit ne pas être dans l'étonnement de la réaction du pasteur. « Si quelqu'un qui a de la haine envers la Vierge Marie qui est la mère de Jésus, tu attends qu'il dise du bien de l'église Catholique ? », s'interroge-t-il.

Selon le prêtre, il n'y a pas question à avoir peur ou à considérer ses déclarations. Ceux qui prient dans les autres églises ne sont pas saints. « Parce que dans l'église Catholique on dit, je vous salue Marie, pleine de grâce, le Seigneur est avec vous (Luc 1 :28). Donc quelqu'un qui répéterait un psaume serait donc en enfer !» s'interroge l'abbé. L'abbé dit considérer le Pasteur comme un "haineux" envers le catholicisme.

Une chose est sûre et il en est fier : l'église catholique qui fait beaucoup d'année résiste malgré tout. Dans cette même perspective, il dit : « Si ce monsieur-là [...] meurt, son église risque de tomber car il y aura d'autres qui vont se créer. L'église catholique sera là », a-t-il dit. Des hommes d'église qui se clachent ? 2021 nous réserve dans cette perspective des surprises.

Alors que les chrétiens célèbrent leur unité du 18 au 25 janvier, les réseaux sociaux, en Afrique francophone, sont influencés par une controverse autour du pasteur [...] qui, une fois de plus, s'en est pris à la foi catholique provoquant une multitude des répliques de la part de prêtres et laïcs. « L'Église catholique est une salle d'attente de l'enfer », c'est cette récente provocation contre les catholiques, proférée par le très controversé pasteur qui remue les réseaux sociaux en Afrique, en cette période.

Dans une vidéo devenue virale et publiée à la mi-janvier, le responsable le Pasteur, lui-même ancien catholique, a vivement critiqué l'Eglise catholique romaine déclenchant des centaines de réponses indignées publiées par des prêtres et laïcs à travers le continent.

En mars 2018, il avait déjà été à l'origine d'une controverse analogue. Invité par une église à Abidjan, le pasteur avait, en effet, prononcé une violente diatribe contre la Vierge Marie et « ceux qui prient le chapelet ». « On ne prie pas Marie, avait plusieurs fois répété le pasteur, celui qui prie Marie est dans l'idolâtrie » ajoutant même « je ne crois pas en l'œcuménisme, cassez vos statues ».

La dernière attaque de Pasteur continue de faire des réactions partout en Afrique francophone provoquant des postes des prêtres et laïcs catholiques mais également d'autres

Eglises évangéliques. « Le pasteur [...] est un provocateur, les catholiques ne devraient pas perdre leur énergie à lui répondre, il cherche, justement le buzz. Je m'étonne que les gens lui accordent autant de d'importance », déclare l'Abbé. Pour le père, un prêtre congolais également très populaire sur les réseaux sociaux en Afrique, ce pasteur n'a pas raison.

Le père ivoirien a pour sa part opté pour un texte assez documenté revenant sur le schisme qui a offert naissance aux Eglises protestantes et évangéliques.

OUVERTURE DE DEUXIEME ACTE

Révérend Pasteur : L'Eglise catholique est une salle d'attente pour aller en enfer. C'est une salle où tu penses que tu es entrain de prier, alors que tu vas en enfer. Une prière mais qui n'est qu'une fausse prière, éventer de toute pièce, qui n'est même pas dans les Ecritures. Luc 1 :26-38. Marie a adoré Jésus, mais on prie Mari, une grande erreur. Cette Marie que l'église catholique prie n'est pas la vraie Marie mais une déesse d'Astarté qui exige le célibat des prêtres et sœurs, Juge 2 :13. Il n'y a pas un médiateur entre Dieu et les hommes si ce n'est que Jésus. Et non Marie, ni Mahomet.
Abbé : quelqu'un a dit : « L'Eglise catholique est une salle d'attente pour aller en enfer ». Nous sommes tous des pécheurs, nous ne devons pas rappeler à un responsable de l'Eglise. Certains disent de porter plainte, Je dis nom, nous ne devons pas enlever quelqu'un. Combien des grands hommes ont cherché à nous critiquer dans le temps, mais nous résistons. J'ai de la compassion, qu'est-ce qu'on vous prêche ? Quand le Pasteur condamne l'impudicité par la compassion, ce qui fait qu'il y'a des impudiques. Le vol à la compassion, ce qui fait qu'il y'a des voleurs. Et nous connaissons quelques-uns.
Révérend Pasteur : Jetez vos chapelains.
Abbé : S'il y'a des catholiques qui ont la folie, ils connaissent pourquoi ils en sont. Si nous donnons à l'art un rang aussi élevé, il ne faut pas ignorer cependant qu'il n'est ni par son contenu ni par sa forme la manifestation la plus haute, l'expression dernière et absolue par laquelle le vrai se révèle à l'esprit. Par cela même qu'il est opprimé de revêtir ses conceptions d'une forme sensible, son cercle est limité : il ne peut atteindre qu'un degré de la vérité. Sans doute il est de la destination même de la vérité de se développer sous une forme sensible, et de s'y révéler d'une façon adéquate à elle-même ; elle fournit ainsi à l'art son type le plus pur, comme la représentation des divinités grecques en est un exemple. Néanmoins, il y a une manière plus profonde de comprendre la vérité : c'est lorsque celle-ci ne fait plus alliance avec le sensible, et le dépasse à un tel point qu'il ne peut plus ni la contenir ni l'exprimer. C'est ainsi que la foi catholique l'a conçue, et c'est ainsi surtout que l'esprit moderne s'est élevé au-dessus du point précis où l'art constitue le mode le plus élevé de la représentation de l'absolu. Chez nous, la pensée a débordé les beaux-arts. Dans nos jugements et nos actes, nous nous laissons gouverner par des principes abstraits et des règles générales. L'artiste lui-même ne peut échapper à cette influence qui domine ses inspirations. Il ne peut s'abstraire du monde où il vit, et se créer une solitude qui lui permette de ressusciter l'art dans la naïveté primitive.
Révérend Pasteur : Cessez avec vos statuts. Pour capturer votre destin, le diable osera de capturer votre cerveau. Au temps où votre cerveau est sous les caprices et caprices du diable, il continuera à vous tourmenter physiquement et spirituellement. Le diable est conscient de la

complexité du cerveau d'être humain. Dans cette perspective, la plus grande guerre du royaume des ténèbres a été menée dans l'arène du cerveau. Malheureusement, il y a des cerveaux de première classe qui ont été attaqués avec folie et imbécillité. Beaucoup de gens qui auraient accompli leur destin sont victimes de multiple maladies cérébrales laides. A la fin de la journée, beaucoup de victimes ont demandé l'aide de sorciers, de médecins alternatifs et de moyens orthodoxes de guérison. Assez triste, beaucoup d'entre eux sont passés d'une poêle à frire au feu. Bien sûr, le diable sait qu'une fois qu'il attaque votre cerveau, votre destin sera tronqué.

Abbé : faut-il dire que toute représentation est idolâtrie ? Toute illustration pour la compréhension est idolâtre ? Paul ne met pas en doute notre désir de faire face au mauvais jour. C'est une certitude plutôt qu'un choix. Je pense toujours à la parabole de Jésus, les deux hommes qui se sont mis à construire une maison chacun. L'insensé avait bâti sur le sable et le sage sur le roc. La maison du premier s'écroula, néanmoins celle du second resta debout. La différence entre ces deux maisons n'était pas dans les épreuves auxquelles elles furent exposées toutes deux, puisqu'elles ont dû subir les mêmes tests, c'est-à-dire le vent, la pluie, la tempête et l'inondation. La distinction se trouvait au niveau des fondements sur lesquelles ces maisons étaient bâties. Il n'y a rien dans l'Ecriture qui suggère que nous, les chrétiens, échapperons à ces épreuves. Nous n'échapperons pas au mauvais jour, et il nous faut nous y préparer. Tenant compte de cela, Paul nous dit de nous revêtir de l'armure complète de Dieu. Comme illustration, Paul utilise un légionnaire romain et énumère six effets que celui-ci porterait d'habitude, il s'agit de : ceinture de la vérité, La cuirasse de la justice, les chaussures des bonnes dispositions que donne l'Evangile de Paix, le bouclier de la foi, le casque du salut et l'épée de l'Esprit.

OUVERTURE DE TROISIEME ACTE

Abbé : Chers frères et sœurs Bonsoir. Bonjour. Je voudrais dans ce format continuer nos méditations sur la foi catholique. Et aujourd'hui, J'ai voulu à quelque minute répondre à quelques questions. Les catholiques sont-ils des idolâtres ? Oui ou non. Je sais pourquoi Il (Quelqu'un) nous traite d'idolâtre, il se réfère d'Exode 20 :5. Les catholiques sont idolâtres, car il existe dans leurs églises les statuts, et ils les adorent, c'est là le nom idole. Vous qui nous appeler idolâtres, Est-ce que vos argents, sexes, sports, télés sont des idoles pour vous ? (*Il continue avec un tôt aigu*).

La relation des catholiques avec les images de Jésus et des saints est semblable à celle que l'on a avec les photographies de proches. Quand nous observons l'image de quelqu'un qui a du prix à nos yeux, notre amour se projette ; nous conservons dans cette perspective avec affection les photos dans notre portefeuille, nous les plaçons à l'honneur dans notre chambre, nous embrassons le papier inerte lorsque nous sommes pris de nostalgie. Et aucune personne, si stupide soit-elle, n'aurait pensée de faire un commentaire malencontreux faisant allusion à de l'« idolâtrie ».

Révérend Pasteur : C'est Jésus qui est mort sur la croix et non Marie, Marie n'est pas morte sur la croix pour nous sauver. C'est Jésus qui est mort sur la croix et non sa mère. Jamais je ne croirai à l'adorateur de Marie. Jamais ! Jamais ! Jamais ! Jamais ! Jamais ! Je dirais que ce débat n'est pas destiné à vous donner une arme pour que vous, les catholiques, puissiez-vous justifier lorsque l'on vous critique. Pas la peine de transcender votre salive (sauf dans les rares cas où il y a la possibilité d'un dialogue honnête et objectif). La discussion ici est vraiment pour nous aider à s'imprégner des racines de notre propre identité. Donc, sachant qui nous sommes et pour qui nous sommes, nous devenons davantage être capables de vivre notre foi de façon joyeuse, libre et consciente.

Orateur : Testament ! L'interdiction était alors a priori, nécessaire, mais elle a perdu son sens quand l'Ancien Testament a fait place au Nouveau. Je m'explique : les gens qui ont vécu l'Exode étaient en majorité idolâtres. La croyance dans le Dieu d'Abraham, d'Isaac et de Jacob n'immunisait pas contre l'influence religieuse des autres. Il continue avec une voix aigüe ! Dans cette perspective, le culte des idoles, d'abord le veau d'or, puis Baal constituait une source fréquente de contrariété et de déception pour le Seigneur. Donc, il y avait un grand risque que les Hébreux perçoivent le Dieu de l'Alliance comme un dieu de plus, le dieu qui était « à la mode » à ce moment-là, et non pas comme le Dieu Unique et Vrai. Yahvé avait dans cette perspective besoin de définir clairement l'abîme qu'il y avait entre les idoles et Lui : Il n'est pas un produit de l'esprit humain et sa doctrine non plus. Il est le Dieu qui s'est révélé, Il est Celui qui Est : « Je Suis Qui Je Suis » Exode, 3 :14. Les idoles, quant à elles, étaient des objets pathétiques et impuissants en bois, en métal ou en pierre, représentant des systèmes religieux et doctrines organisés par l'imagination humaine. Il fallait donc prendre une mesure éducative : interdire aux gens de faire toute image du Seigneur, afin qu'il soit bien clair qu'Il n'était pas un dieu de plus crée, façonné par des mains humaines. Sans compter que personne ne connaissait son visage, et aucune image ne pouvait être à la hauteur de son immense gloire. **Révérend Pasteur** : Le père Alex est entré dans la magie avant de prendre l'hostie. En Châteauroux, son enseignant Christian Paul , il n'a jamais oublié son nom ; lui montre un tour de cartes. Alexandre est épaté. De retour chez lui, il l'apprend, le répète et le rejoue, avec fierté, devant son mentor.

Abbé : Je ne crois pas à une telle déclaration, même si c'était vrai, il ne serait pas bon d'en généralité à tous. Je vous invite à réexaminer avant une telle déclaration. La Réforme protestante est le résultat du rejet des orientations prises par les prêtres catholique, pendant le Moyen Âge, avant que celui-ci ne s'engage dans un mouvement de Contre-Réforme au travers du concile de Trente. La Réforme a été menée dans cette perspective, sous l'impulsion de théologiens, tels que Martin Luther, Ulrich Zwingli, Jean Calvin, Sébastien Castellion, Guillaume Farel parmi tant d'autres. Pierre Valdo, John Wyclif, Jan Hus, Jacques Lefèvre d'Étaples sont estimés comme des précurseurs de la Réforme. Le salut est obtenu par le respect de la Bible, du texte de Pape et la tradition.

Le Pasteur : Non, non, qui vous a dit que le salut peut être obtenu par le Pape qui est un humain comme les autres et la tradition qui est terrestre. Le salut réel est obtenu seul en inspirant de la Bible, pas autre source. Arrêtez de tromper les brebis du Seigneur, il aura un jugement pour tous. Réfléchissons avant de dire quelque chose, ne renait pas ceci comme un débat philosophique ou chacun a son point de vue. Vous comprenez d'ailleurs mal la philosophie.

L'Abée : Je me réserve à une telle déclaration, car nous sommes dans deux doctrines différentes le protestantisme et catholicisme, néanmoins le Pape n'a rien affaire dans notre débat arrêtons dans cette perspective des attaques aux autres, j'aurais voulu te voir me critiquer ou m'adresser parole car ce moi qui suis dans le débat. Je sais que le protestantisme est subdivisé à plusieurs églises, néanmoins je ne m'adresse pas à eux tous. Dans cette perspective, je te prie de t'attaquer à moi et non aux autres chrétiens. Le Nouveau Testament porte beaucoup d'illustrations représentant le peuple de Dieu. Par exemple, dans l'épître aux Ephésiens, ce dernier est dépeint comme assemblée législative, comme famille, comme temple et d'ailleurs comme épouse de Christ. La dernière image qu'on y trouve, cependant, est celle d'une armée. Dans cette même perspective, cette armée est engagée dans un combat aux proportions planétaires, touchant et impliquant toute partie de cette terre sur laquelle nous vivons.

Pasteur : Nous n'avons pas à lutter seulement contre notre nature terrestre, ni contre de simples ennemis mortels, mais contre les puissances occultes, contre une organisation spirituelle satanique, contre les dictateurs invisibles qui, dans les ténèbres, désirent contrôler et régir notre monde, contre la légion des esprits démoniaques dans les sphères surnaturelles, véritables agents du quartier général du mal. Jésus parle ici d'un autre royaume, celui de Dieu. Il décrit tout particulièrement un temps où le conflit entre ces deux royaumes se fait au grand jour. Il dit que nous savons que le royaume de Dieu est arrivé lorsqu'il chasse les démons par l'Esprit de Dieu. Le sous-entendu est que le ministère de la délivrance démoniaque fait sortir au grand jour les puissances sataniques, et démontre la supériorité du royaume de Dieu, car c'est par l'autorité de ce royaume que les démons sont chassés. En dernière analyse, il y a deux royaumes opposés : le royaume de Dieu et le royaume de Satan. Paul dit encore dans Colossiens 1 :12-14 : Vous qui suivez le Pape, ignorez-vous la victoire de Jésus ? Vous êtes dans le culte de personnalité.
Abbé : J'aimerais faire trois simples déclarations au sujet de la victoire de Jésus, car mon interlocuteur semble soulever. Premièrement ; lors de la tentation au désert, Jésus a vaincu Satan pour lui-même. Il a rencontré Satan, a résisté à ses tentations et l'a vaincu. Deuxièmement, sur la croix, Jésus a vaincu Satan de notre part, pas pour lui-même néanmoins pour nous. Il n'avait pas besoin de cette victoire pour lui, car il l'avait déjà. En vainquant notre ennemi, il a remporté cette victoire pour nous. Il a désarmé notre ennemi, l'a dépouillé, et l'a donné en spectacle pour nous. Troisièmement, il est maintenant de notre responsabilité d'expliquer et d'administrer la victoire de Jésus. Ceci n'inclut pas la hiérarchie dans l'église.
Pasteur : J'ai déjà démontré que nous, les représentants du royaume de Dieu sur terre, nous trouvons dans une guerre totale avec un royaume ennemi bien organisé et dirigé par Satan. Il s'agit d'un royaume d'esprits maléfiques dont le quartier général se trouve dans les lieux célestes. Le théâtre de ce combat est dans les pensées de l'humanité. Satan a bâti des forteresses de préjugés et d'incrédulité dans les pensées de la race humaine, afin de les empêcher de recevoir la vérité de l'évangile. Dieu nous a donné la responsabilité d'anéantir ces forteresses intérieures, libérant hommes et femmes de la tromperie de Satan et les menant à la soumission et l'obéissance en Christ. Notre aptitude à accomplir cette tâche dépend de deux facteurs. Premièrement, il faut que nous appréhendions clairement d'après les Ecritures que, à la croix, Jésus a complètement vaincu Satan de notre part et qu'il est maintenant de notre responsabilité d'expliquer et administrer cette victoire que Jésus a déjà remportée. Secondement, il nous faut faire un usage correct des armes spirituelles nécessaires que Dieu nous a offert.
Orateur : Je pense qu'il est difficile de mettre un thème à ce débat. Je vous demande tous, hommes de Dieu de vous considérer les uns aux autres. Personne de vous n'utilise le coran ou

encore le Torah(Talmud), vous utilisé tous la Bible. Bien qu'il ait une petite différence en termes de nombre des livres. La bible catholique contient 73 livres et la bible protestante 66 livre. Mais dans toute les deux, ce n'est pas Jésus-Christ qui est le chemin et la vérité aussi le sauveur de l'humanité ? Un petit silence s'observe. Il continue avec plusieurs autres questions oratoires… Enfin qu'il règne l'unité car vous tous vous êtes des chrétiens.

OUVERTURE DE QUATRIEME ACTE

(L'Abbé est invité dans une télévision pour expliquer la religion catholique, l'émission a une durée de 30 minutes)

Abbé : Bonsoir auditeurs et auditrices, bien venu dans la présence du Seigneur. Suite à la non compréhension de la religion catholique par les uns, je désire consacrer ce temps pour parler de l'histoire de catholicisme et son fondement de la foi.

Je voulais expliquer à mes auditeurs de ce moment ceci: l''histoire de l'Eglise catholique commence, selon sa propre perspective, dès la Révélation christique, et selon la perspective de l'Eglise orthodoxe, avec la séparation entre elle et les quatre autres patriarcats de la Pentarchie, en 1054. Telle que l'appéhendent les catholiques, pour lesquels l'histoire de l'Eglise primitive est la leur, cette histoire peut être articulée sur certaines périodes charnières où se transforme la manière dont l'Eglise entend accomplir sa mission : la conversion de Constantin, la réforme grégorienne, le conflit entre Boniface VIII et Philippe le Bel, le concile de Trente, le pontificat de Léon XIII et le concile Vatican II.

On ne connaît l'histoire des chrétiens du premier siècle que par les Actes des Apôtres et certaines épîtres de Paul, textes produits par les premières communautés chrétiennes. Un historien comme Etienne Trocmé relève les insuffisances de cette documentation , on le sait : « qui ne couvre qu'un champ limité et n'est utilisable qu'après une sérieuse critique de son contenu souvent déformé par les partis pris et par les exigences de l'apologétique ». L'historien fera donc de ces textes une analyse critique documentaire alors que le croyant adhère d'abord au message transmis par ces textes du Nouveau Testament.

De la même façon, l'historien qui mène son investigation parmi les premiers chrétiens refusera de qualifier d'« Eglise » des communautés dont l'existence lui est plausible, alors que le fidèle d'une Eglise chrétienne verra précisément dans ces communautés l'embryon de l'Église que le Christ annonçait à Pierre.

Les catholiques appellent « papes » tous les évêques de Rome depuis saint Pierre. Jusqu'au VIIIe siècle, l'ensemble de l'Eglise ne lui reconnaît pas encore la Primauté. Le pape de Rome exerce un pouvoir métropolitain dépassant des régions suburbicaires, sur toute l'Italie. Pour l'Occident, la papauté de Rome est un centre de communion et une cour d'appel. Pour l'Orient, c'est-à-dire, en gros, pour les régions contrôlées par l'Empire byzantin, elle est un recours en cas de guerre ou tout autre conflit. Dans ccette meme perspective, lors du IIe concile de Nicée réuni par l'impératrice Irène, le pape de Rome Adrien Ier joue un rôle important pour faire condamner l'Iconoclasme. Mais depuis Justinien, au VIe siècle, Rome est sous le contrôle de Byzance, et l'élection de son évêque est soumise à l'approbation du « basileus », l'empereur byzantin. Au milieu du VIIIe siècle, les papes menacés par les Lombards et peu confiants dans l'appui de l'empereur se tournent vers les Francs et recherchent l'alliance de Pépin le Bref qui après avoir vaincu les Lombards se fait sacrer roi par le pape Étienne II à qui il donne le duché de Rome et l'exarchat de Ravenne. Et c'est là naissance des Etats pontificaux.

C'est aux évêques, que le jugement de Dieu demandera compte de la conduite des rois, prêche le pape Gélase, à la fin du Ve siècle. De fait, les évêques sont des personnages puissants dans la proximité du pouvoir. Leur indépendance est en partie garantie par les propriétés ecclésiastiques qui savent une extension considérable, néanmoins cette richesse est aussi source de convoitise et d'ingérence du pouvoir. Pour reprendre les termes de Jean Daniélou, l'Église ne considère la cité des hommes que dans son ordination à la cité de Dieu.

La tradition spirituelle chrétienne se forme et se transmet dans les multiples monastères que l'on voit fleurir à partir du IVe siècle, selon Anne-Marie Helvétius, donc bien avant que Benoît de Nursie rédige la Règle de saint Benoît imposée aux moines lors du cinquième concile d'Aix-la-Chapelle, en 817. La vitalité intellectuelle exprimée dans les monastères se traduit aussi par l'impact que certains religieux eurent sur leur époque : Cassiodore en Italie, Isidore de Séville en Espagne, Gertrude de Nivelles, ou encore Bède le Vénérable, en Angleterre, sont issus du monde monastique.

A partir du Ve siècle et de la fécondité missionnaire manifestée en Grande-Bretagne à partir des efforts de l'anglais Patrick il apparaît en Irlande une forme de réplique du monachisme oriental primitif caractérisée par une résistance acharnée au modèle romain en matière de liturgie, mais aussi dans le domaine institutionnel, avec la préférence d'une Eglise monastique à une église épiscopale. L'ascétisme tient de la virtuosité, avec des jeûnes réitérés, trois carêmes par an, des mortifications rigoureuses et des séances de prière interminables.

La civilisation chrétienne se forge au rythme de beaucoup de conciles régionaux qui déterminent normes et directives selon lesquelles coutumes et droit des barbares, valeurs originales du christianisme celtique, héritage de l'Empire romain se marient pour modeler de nouvelles formes de civilisation chrétienne. Dans l'administration comme dans la liturgie, c'est le latin qui assure l'unité de l'Église d'Occident, pays germaniques compris. La maîtrise du latin devient un critère de discrimination entre les clercs et les laïcs.

OUVERTURE DE CINQUIEME ACTE

Le modérateur passe et fait une synthèse de discussions en tançant la différences et invitants également à l'amour de toutes les parties.

Autorité du pape ou autorité de la Bible ?

Les catholiques croient en l'autorité de la Bible et en l'autorité du pape (et des évêques). Les protestants ne croient qu'en l'autorité de la Bible. Les catholiques acceptent aussi la Tradition catholique. Pour eux, la Tradition est la révélation continue de l'Evangile du Christ à son Eglise, par le Saint-Esprit. Ainsi, même quand un dogme n'a aucun appui biblique, les catholiques peuvent le croire. Par exemple, ils peuvent croire à la doctrine de l'Immaculée Conception (qui date de 1854) et à l'Assomption de Marie (qui date de 1950). Quand ces dogmes ont été prononcés, déclarés et définis, ils l'ont été sur la base de témoignages recueillis au cours des siècles. Les protestants refusent ces dogmes car ils n'ont pas d'appuis bibliques.

Néanmoins, les protestants ne sont pas toujours en opposition avec ce que dit le pape. Nous apprécions même certains de ses discours, ses rappels à vivre l'évangile et à annoncer le nom de Jésus, ses encouragements à l'amour, etc. Cependant, nous ne lui reconnaissons pas d'autorité sur nous. Nous voulons plaire à Dieu, et nous tâchons d'obéir à sa Parole, la Bible.

La place de Marie, mère de Jésus

Tout comme les catholiques, nous croyons que Marie est la mère de Jésus, qu'elle a été enceinte par la vertu du Saint-Esprit et que Joseph n'y est pour rien. Par contre, nous ne croyons pas comme les catholiques que Marie soit née préservée du péché originel en vertu d'une grâce exceptionnelle. Ce dogme de l'Immaculée Conception a été prononcé par le pape Pie IX en 1854. Pour nous, ce dogme n'est pas dans la Bible, donc nous ne le retenons pas. Nous pensons plutôt que "Tous ont péché et sont privés de la gloire de Dieu ; et ils sont gratuitement justifiés par sa grâce, par le moyen de la rédemption qui est en Jésus-

Christ." (Romains 3.23-24). Nous pensons que Marie partage notre condition de pécheurs. D'ailleurs, quand l'ange Gabriel lui annonce qu'elle mettra au monde Jésus, elle chante "Mon esprit se réjouit en Dieu, mon sauveur." (Luc 1.47). Nous croyons que Marie appelle Dieu son sauveur parce qu'elle a besoin d'un sauveur. Et si elle a besoin d'un sauveur, c'est qu'elle a besoin d'être sauvée, tout comme nous. Et si elle a besoin d'être sauvée, c'est qu'elle n'a pas été préservée du péché.

Les protestants ne croient pas non plus que Marie ait été enlevée au ciel après sa mort par l'effet d'une grâce spéciale. Ce dogme de l'Assomption a été défini en 1950 par le pape Pie XII. Nous préférons nous en tenir à ce que dit la Bible. Et comme elle ne dit rien à propos de l'enlèvement de Marie, nous n'y croyons pas et nous ne pouvons pas fêter cet événement qui n'a pas eu lieu selon nous.

Les catholiques (pas tous) prient Marie. Je sais qu'il y a une subtilité de langage. Certains disent qu'ils ne prient pas Marie et qu'ils ne l'adorent pas (car on adore Dieu seul) mais qu'ils la vénèrent. Les protestants ne prient pas Marie, ils ne l'adorent pas, ils ne la vénèrent pas et ils ne lui parlent pas du tout. Ils peuvent parler d'elle, tout comme ils parlent de l'apôtre Paul, de l'apôtre Pierre, de Moïse, de Jérémie, etc. Mais ils ne parlent pas à ces personnages bibliques. L'apôtre Paul a écrit : "Car il y a un seul Dieu, et aussi un seul médiateur entre Dieu et les hommes, Jésus-Christ homme." (1 Timothée 2.5). Nous ne trouvons aucune trace de prière à Marie dans la Bible. Quand elle était vivante, les gens lui parlaient. Mais après sa mort, la Bible ne parle plus d'elle. Les disciples de Jésus continuent d'annoncer la bonne nouvelle et prêchent le nom de Jésus. Ils baptisent au nom de Jésus. Ils prient et invoquent Jésus, même après sa mort et sa résurrection. Les protestants ne demandent pas à Marie d'intercéder auprès de Jésus. Ils intercèdent eux-mêmes directement auprès de Jésus.

Le purgatoire

Nous ne croyons pas non plus à la doctrine du purgatoire, ce lieu qui permettrait de purifier les âmes mortes en état de grâce mais non encore entièrement purifiées des conséquences de leurs péchés. Pour nous, c'est maintenant que tout se joue : ou nous acceptons le Seigneur par la foi et nous irons près de lui, ou nous le rejetons et nous serons aussi rejetés par lui. Après la mort, c'est trop tard ! Le Seigneur purifie ceux qui se repentent de leurs péchés et l'acceptent par la foi en Jésus-Christ. Leurs péchés sont effacés, dès à présent. L'apôtre Paul, ayant rappelé aux Corinthiens certains péchés qu'ils avaient commis par le passé, les rassure sur leur condition actuelle : "Mais vous avez été lavés, mais vous avez été sanctifiés, mais vous avez été justifiés au nom du Seigneur Jésus-Christ, et par l'Esprit de notre Dieu." (1 Corinthiens 6.11). Nous croyons qu'être lavé, sanctifié et justifié (et on trouve aussi ailleurs "purifié") suffit largement, et qu'il n'est pas nécessaire d'être encore purifié après la mort.

La prière pour les morts

Nous ne voyons pas d'exemple de prière pour les morts dans la Bible. Donc nous ne prions pas pour les morts. Ah si ! J'oubliais... La Bible nous raconte bien des exemples de prière pour les morts. Mais il faut préciser : il s'agit de prière pour des personnes qui viennent de mourir, et cette prière vise leur résurrection immédiate. Par exemple, Jésus a prié pour son ami Lazare qui était mort depuis quatre jours. Il a prié et Lazare est ressuscité.

Quand un catholique rencontre un protestant, c'est souvent le premier sujet de conversation. Il vouvrait bien connaître les différences. La plupart du temps, chacun sera rassuré par les réponses et se sentira conforté dans sa position, celle de celui qui est dans la bonne Église. Parfois, l'un des deux lancera :

"Après tout, c'est la même chose, nous avons le même Dieu !" Et l'autre confirmera, même s'il n'a pas tout à fait le même sentiment...

Quel style de réponse vais-je donner ?

En cherchant sur internet, on trouve vite des tas de réponses. Dès les premières lignes, on comprend l'intention de l'auteur. Certains sont provocateurs, d'autres sont arrogants, d'autres sont respectueux. J'aimerais essayer d'être respectueux, honnête et amical. De plus, je n'ai pas envie de rentrer dans de multiples détails. Je vais donner quelques éléments en tâchant d'expliquer pourquoi je crois ce que je crois.

Autre précision : vous savez sans doute qu'il y a diverses catégories de protestants. Je n'aurai pas la prétention de répondre en leur nom à tous. Je suis pasteur protestant baptiste. Pourtant, je n'aurai pas non plus la prétention de répondre au nom de tous les baptistes. Cette réponse est donc la mienne.

L'Eglise catholique célèbre des messes pour les défunts. A cette occasion, des prières sont faites pour les morts, certainement pour que Dieu les accueille, qu'il ait pitié d'eux et écourte leur temps au purgatoire. Nous ne célébrons pas ce genre de messe car nous n'en voyons pas d'exemple dans la Bible et parce que nous ne croyons pas non plus au purgatoire.

La prière aux saints

Les catholiques (pas tous) prient les saints pour leur demander de l'assistance et du secours. Les protestants ne le font pas. Plus, ils sont vraiment réticents à cela. La raison vient de la Bible. En Deutéronome 18.11, Dieu demande qu'il n'y ait "personne qui interroge les morts". Pour nous, les saints qui sont priés sont morts. Il ne faut donc pas leur parler, ni les prier, ni leur demander de nous protéger. Nous prions Dieu seul, au nom de Jésus, mais pas au nom d'un saint.

Pour l'Eglise catholique, les saints sont des personnes qui ont eu une vie de foi remarquable. Je ne connais pas exactement les critères de reconnaissance, mais je sais que seules quelques personnes sont reconnues saintes. Pour les protestants, sont saints ceux qui acceptent le Seigneur et vivent en conformité avec l'évangile. Pour être plus clair, nous croyons que tout vrai chrétien doit être un disciple de Jésus et est par conséquence un saint. Mais attention à la signification de ce mot ! Pour nous, saint ne veut pas dire parfait et sans péché. Celui qui est saint est celui qui est mis à part pour Dieu. Je vous encourage à lire la Bible pour voir que le mot "saint" est utilisé pour parler des chrétiens. Voici juste quelques références : Actes 9.13, Actes 9.32, Actes 26.10, Romains 8.27 (qui dit que le Saint-Esprit intercède en faveur des saints). Précisons encore que les saints doivent vivre dans la sainteté. Le fait d'être appelé saint est une grâce qui vient de Dieu. Il faut cependant marcher dans la sainteté, rejeter le péché pour demeurer saint

OUVERTURE DE SIXIEME ACTE

Le modérateur parle cette fois d'histoire du christianisme.

L'histoire du christianisme remonte du premier siècle au sein de la diaspora juive après la crucifixion de Jésus de Nazareth, dont la date probable se situe vers l'année 30. Les premières communautés, qui ne se définissent pas encore comme chrétiennes, sont fondées par plusieurs disciples de Jésus, en particulier dans les villes de Rome, Éphèse, Antioche, Alexandrie néanmoins aussi en Perse et en Éthiopie. Quand il devient une religion admise puis la religion officielle de l'Empire romain au IVe siècle, les premiers conciles définissent peu à peu un ensemble de dogmes. Mais les christologies déclarées hérétiques dans l'Empire ne disparaissent pas pour autant. Parmi elles, l'arianisme et le nestorianisme perdurent pendant plusieurs siècles.

Au VIIe siècle, le passage d'une grande partie des chrétiens du Moyen-Orient et d'Espagne sous domination musulmane modifie le paysage du christianisme. Au VIIIe siècle la querelle des images puis le débat sur le Saint-Esprit donnent lieu à de nouvelles controverses qui, ajoutées aux rivalités politiques, aboutissent à la séparation des Églises d'Orient et d'Occident.

Le christianisme européen, parvenu à son apogée, s'étend jusqu'en Amérique à partir du XVIe siècle, au moment même où il se fractionne de nouveau, cette fois en raison de la Réforme protestante. Les guerres de religion qui s'ensuivent mettront plusieurs siècles à s'estomper au profit d'une rivalité plus feutrée, puis d'une recherche d'unité et de tentatives d'œcuménisme.

Les trois grandes confessions chrétiennes, le catholicisme, l'orthodoxie et le protestantisme, regroupent au XXIe siècle près de 2 milliards et demi de fidèles répartis sur tous les continents.

Longtemps, dresser l'histoire du christianisme fut une entreprise difficile. En effet, elle était cantonnée dans l'apologie de l'Église dominante dans le contexte géopolitique où se situait le candidat historien[1]. Par exemple, des ouvrages fondamentaux comme *Oriens Christianus* de Michel Le Quien ou l'*Encyclopédie catholique* de Charles George Herbermann utilisent le mot « *catholique* » dans le sens actuel du terme pour désigner toute l'église des cinq premiers patriarcats d'avant 1054 faisant ainsi apparaître l'Église de Rome comme seule héritière légitime de l'église primitive ; les auteurs grecs, russes, des Balkans, du Caucase ou du Proche-Orient en font de même avec les églises orthodoxes. Depuis Walter Bauer, on admet qu'aucune unité doctrinale n'existait dans le christianisme ancien ; et depuis Adolf von Harnack, que le dogme cause le schisme et que l'hérésie et l'orthodoxie font système. Ainsi, l'histoire du christianisme est une longue suite de fractures mais, si son élaboration a souvent relevé de la justification anachronique *a posteriori* (sans rapport avec une stricte recherche de la restitution de faits), la méthode historique scientifique et l'évolution de disciplines telles que les sciences des religions, permettent désormais d'en cerner les vicissitudes et d'éclairer les enjeux qui ont présidé à son développement.

La question des racines juives du christianisme est problématique en soi, selon qu'on se réfère à la théologie dogmatique de telle ou telle Église ou bien aux diverses écoles d'historiens. Les Pères de l'Église fondent leurs réflexions sur les textes de la Bible, regardés comme un ensemble cohérent dont les différentes parties se complètent. À l'inverse, les chercheurs biblistes contemporains les regardent comme des textes indépendants. Durant plusieurs siècles, l'alternance des opinions et des doctrines amène les théologiens à définir avec une précision de plus en plus fine le dogme de l'Église.

Pour l'antiquité tardive, l'historiographie occidentale, héritière de Hieronymus Wolf, préfère envisager l'affirmation d'un christianisme spécifiquement occidental en tant que « nouvelle civilisation » née sous l'impulsion des Francs, comme « synthèse entre la civilisation romaine et celle des Barbares », et dont la forme particulière deviendra le catholicisme romain par opposition au christianisme byzantin décrit comme un christianisme oriental plus ou moins dissident, décadent ou déviant.

Mais pour l'historiographie des pays orthodoxes, c'est l'ensemble du monde romain puis « barbare » qui, au fil des sept premiers conciles, a été orthodoxe (« Pentarchie »), avant que les suites du schisme de 1054, et notamment les innovations de l'église de Rome au fil de ses 14 conciles ultérieurs (*Filioque*, purgatoire, primauté de Pierre, autorité temporelle des papes, célibat des prêtres, inquisition et bien d'autres nouveautés doctrinales ou canoniques) fassent naître, non pas une nouvelle civilisation, mais simplement une église séparée ; quant aux églises restées « orthodoxes » (patriarcatsde Jérusalem, Alexandrie, Antioche et Constantin ople, puis ceux apparus ensuite), elles n'ont rien de spécifiquement « oriental » dans cette vision, mais sont la continuation après 1054 de l'église du premier millénaire, de sa doctrine et de ses pratiques.

La rencontre de Jésus de Nazareth avec ses premiers disciples est située par le Nouveau Testament au bord du lac de Tibériade. Ses rives abritent à cette époque des villages de pêcheurs où se déroulent de nombreux épisodes de la vie de Jésus, rapportés dans les Évangiles : la pêche miraculeuse (Lc 5, 1-11), la tempête apaisée (Lc 8, 12-25) et la dernière apparition aux disciples (Jn 21, 1s). Les quatre premiers apôtres nommés par l'Évangile de Marc sont des pêcheurs : André et son frère Simon-Pierre, ainsi que Jacques et son frère Jean, tous deux fils de Zébédée.

André, Simon-Pierre, Philippe, Nathanaël semblent venir de l'entourage de Jean le Baptiste(Jn 1, 35-51). Jésus a une trentaine d'années lorsqu'il se joint aux disciples du Baptiste[11]. Il exerce son ministère essentiellement en Galilée, où il pratique guérisons et exorcismes pendant un ou deux ans.

La première communauté chrétienne est constituée par les premiers juifs de Jérusalem qui ont reconnu le Messie en Jésus de Nazareth, puis par leurs successeurs au-delà de la ville sainte. Elle est dirigée d'abord par Pierre jusqu'en 44 puis par Jacques le Juste, « frère du Seigneur », jusqu'en 62.

Les premières prédications se fondent sur une proclamation de foi : Jésus est le Messie, le Fils de Dieu ; il est ressuscité, et celui qui parle en rend témoignage personnellement ; il appelle à la conversion.

Le mot « chrétien » n'est pas utilisé par les disciples de Jésus pour parler d'eux ; ceux-ci sont habituellement appelés les « Galiléens ». Les Actes des Apôtres indiquent que le nom de « chrétien », dérivé de « Christ », fut attribué aux disciples de Jésus de Nazareth à Antioche, qui était à l'époque une ville de langue grecque. Les deux autres références les plus anciennes connues pour le terme « christianisme » se trouvent pourtant au Ier siècle : d'abord dans une citation de Tacite relatant les lendemains de l'incendie de Rome en 64 , puis, dans la lettre d'Ignace d'Antioche aux Magnésiens à la fin du Ier siècle.

L'Apôtre Paul joue un rôle important dans le développement du christianisme. Sous le nom de Saül, ce Juif originaire de Tarse aurait d'abord persécuté le *mouvement de Jésus* et ensuite connu une spectaculaire conversion après que le Christ lui fut apparu sur le chemin de Damas. Il consacre le reste de son existence au prosélytisme. Dans un premier temps, l'enseignement de Jésus n'est transmis qu'au sein de la communauté juive, puis, à la suite de difficultés avec les responsables des synagogues, l'enseignement s'oriente vers les non-juifs, les païens, aussi appelés les « Gentils ». Parmi ceux-ci, il en est, nombreux, sensibles à la voie du judaïsme, on les appelle les « craignant-Dieu », mais qui ne franchissent pas, pour la plupart, le pas de la conversion, en particulier celui de la circoncision. La question est débattue lors d'une réunion qui se tient à Jérusalem vers l'an 50 appelée rétrospectivement « concile de Jérusalem ». Il y est entériné que les prosélytes « chrétiens » n'auront pas à passer d'abord par une conversion au judaïsme. Une grande partie de cette littérature se fait sous forme d'Épîtres qui sont de courts traités de caractère moral ou philosophique, dont les auteurs ne sont pas toujours assurés.

Les sources contemporaines concernant cette période sont peu nombreuses. Les Actes des Apôtres (datés des années 80-90) se veulent l'histoire du mouvement au cours des premières années après la mort du Christ. Leur pertinence est toutefois remise en cause par les historiens, notamment à propos de l'« incompatibilité de la figure du Paul des Actes avec celle qui se dégage de ses lettres », ce qui les rend difficilement exploitables. En effet, les lettres de Paul de Tarse (datées des années 50) sont les plus anciens documents du christianisme. Elles fournissent des indications sur les tendances qui parcourent le mouvement à ses débuts et ne correspondent pas toujours à la description qu'en donnent les Actes.

Les premiers chrétiens ne sont pas perçus en Judée autrement que comme une des nombreuses sectes au sein du judaïsme, dont les plus importantes sont les pharisiens, les sadducéens, les zélotes et les esséniens.

Les Actes des Apôtres et les lettres de Paul laissent entrevoir des dissensions au sein de la première communauté de Jérusalem, notamment entre deux courants : les « hellénistes » et les « hébreux » (issus de Palestine)

Pour la période qui suit la disparition des apôtres, les Pères de l'Église constituent une source dont on doit avoir une approche critique. C'est le début de la littérature patristique (90-160 après. J.-C.). Ces textes, de caractère non canonique dénommés souvent, les Pères Apostoliques se préoccupent avant tout d'instruction et de prédication, et non pas de reconstitution historique.

- la *Première épître de Clément* (fin du premier siècle)
- la Didachè ou Enseignement des Apôtres (à la charnière des premier et second siècle)
- les lettres d'Ignace d'Antioche (Début du second siècle)
- la *Seconde épître de Clément* (milieu du second siècle)
- lettre aux Philippiens de Polycarpe (même période)
- Le Martyre de Polycarpe
- l'Épître de Barnabé (première moitié du second siècle)

Face à la concurrence, aux courants centrifuges, mais aussi au scepticisme païen, le christianisme développe une littérature apologétique :

- face aux Juifs. Justin de Naplouse (première moitié du IIe siècle) écrit le *Dialogue avec Triphon*. Une lecture chrétienne de l'Ancien Testament y voit l'annonce de la venue du Christ.

- face aux païens. Ceux-ci, (par exemple Celse) méprisent le christianisme. C'est à nouveau Justin Martyr, ex-philosophe païen, qui veut montrer qu'on peut concilier le platonisme avec le christianisme. Il soutient qu'une parcelle de la Révélation (la semence du Logos) est également présente chez les philosophes païens. Tatien est son disciple .Un peu plus tard, vers la fin du second siècle, Théophile d'Antioche et Athénagore, et plus tard, Lactance (fin du quatrième siècle) et Eusèbe de Césarée (début du quatrième siècle) développeront les mêmes thèmes.
- « contre les hérésies » (par exemple l'ouvrage d'Irénée de Lyon contre les gnostiques, les ouvrages d'Hippolyte de Rome, qui écrit, outre la *Réfutation de toutes les hérésies* (en), un ouvrage décrivant la liturgie chrétienne, dénommé *Tradition apostolique*, etc.)

Irénée de Lyon, dans son *Contre les hérésies*, s'attaque aux gnostiques. Il leur oppose l'unité de l'Ancien et du Nouveau Testament ainsi qu'une vision optimiste de la chute d'Adam et Ève, rachetée par le sacrifice du Christ. Origène pose les fondements de l'herméneutique chrétienne en définissant le premier, selon Henri de Lubac[23], la théorie des quatre sens, et la Lectio divina, qui sont par la suite largement développés pendant tout le Moyen Âge, surtout au XIIe siècle, et dans les débuts de la Renaissance.

Les premiers siècles du christianisme sont une période de développement théologique, passant au crible du rationalisme grec certaines notions en vue de les éclaircir. Si l'on s'en tient à Irénée de Lyon, le gnosticisme est un terme générique désignant une série de courants de pensée, qui, entre 80 et 150, développent une conception ésotérique du christianisme. Selon ces courants, une connaissance est réservée à des élus au sujet de la nature du Mal et des moyens d'y échapper. Les gnostiques sont dualistes ; pour eux le monde matériel est étranger à Dieu et a été créé par des puissances inférieures. Ces croyances s'accompagnent de tendances soit à l'ascétisme, soit à la débauche, qui reflètent toutes deux un même mépris du monde matériel. Bien que l'idée de rédemption reste centrale, le rédempteur n'est pas nécessairement le Christ, vu leur répugnance du monde matériel. Quelques-unes enseignent que le Christ est un pur esprit et que son incarnation est une illusion optique et une apparence (en grec *dokèsis*) ; on nomme ce courant docétisme (IIe siècle). La rédemption est réservée aux élus en qui réside une étincelle divine. Une des doctrines les plus populaires est le dualisme de Marcion (IIe siècle), qui distingue le Dieu des juifs du Père de Jésus, et rejette donc l'Ancien Testament. Un autre groupe dissident se forme autour de Montanus au IIe siècle. Originaire de Phrygie, Montanus affirmait que le Paraclet s'exprimait à travers lui. Le montanisme connaîtra un certain succès en Asie Mineure.

Ces doctrines créent le débat dans les communautés chrétiennes et incitent à l'approfondissement théologique par ceux que l'on qualifiera ensuite de Pères de l'Église à s'opposer à ces tendances et à élaborer des réfutations de ces doctrines. Ils s'y prennent de plusieurs manières :

- En insistant, comme Ignace d'Antioche, sur le rôle de l'évêque, représentant de Dieu sur la terre en vertu de la succession apostolique ; on crée donc un pouvoir ecclésiastique. S'est ainsi développé la notion de hiérarchie cléricale qui se déploie dans certaines régions au cours du IIe siècle, de même que celle de laïcat, regroupement ceux faisant simplement partie du Peuple de Dieu .
- en élaborant un Canon du Nouveau Testament, c'est-à-dire un corpus de textes faisant autorité. Concernant les évangiles, on finira par s'accorder sur quatre textes : les trois Évangiles synoptiques (Matthieu, Marc et Luc) et celui de Jean, fermement défendu par Irénée de Lyon. Les Valentiniens en reconnaissent d'autres, comme l'Évangile selon Thomas.
- en élaborant, au cours des conciles, un « symbole de la foi », c'est-à-dire un court texte, qui résume ce qu'il convient de croire, et permet de construire une orthodoxie en démarcation d'avec l'hétérodoxie (Irénée de Lyon et Tertullien).

OUVERTURE DE SIXIEME ACTE

Le modérateur de séparation du catholicisme et protestantisme, tout à expliquant que tous sont basé sur le salut en Jésus-Christ, pas nécessaire de discuter et séparer les deux doctrines .

Si les catholiques et protestants ont la foi en un Dieu unique en trois personnes (le Père, le Fils et le Saint-Esprit), bon, tout-puissant et éternel, leur foi diffère dans cette perspective sur beaucoup de points. Les « 95 thèses » de Martin Luther, puis les différents écrits de Jean Calvin et d'Ulrich Zwingli, ainsi que les réponses qui leurs sont adressées par le Vatican lors du concile de Trente, mettent en lumière des points de divergences importants. Du Pape, aux sacrements, en passant par le purgatoire et la Sainte Vierge, petit tour d'horizon des divergences majeures entre les deux religions.

Le protestantisme qualifie en premier lieu un groupe de courants religieux qui refusent l'autorité du Pape. Deux principes protestants l'expliquent. D'abord, la formule *Ecclesia semper reformanda* «" l'Eglise doit se réformer sans cesse" » accepte que les institutions ecclésiastiques demeurent humaines et peuvent se tromper. L' «" infaillibilité pontificale" », définie par le concile de Vatican I convoqué par Pie IX en 1869-1870, est donc rejetée.

Avec le « sacerdoce universel », tout baptisé est « prophète, prêtre et roi ». Il n'existe pas hiérarchie au sein de l'Église du Christ. Dès lors, pour les protestants, aucune institution ne peut se prévaloir d'un « "pouvoir plénier, suprême, immédiat et universel "» comme le stipule le catéchisme catholique à propos du pape. C'est au nom de ces deux principes que les protestants n'ont pas non plus de clergé. Le pasteur a donc un ministère particulier dans l'Eglise, mais n'est pas le seul à pouvoir présider les sacrements.

Luther et Calvin pensent tous les deux la pénitence utile, afin de rassurer les fidèles qui auraient du mal à obtenir l'assurance du pardon de leur péché. Mais ils croient qu'elle n'est pas obligatoire.

Pour les protestants, la reconnaissance de ses fautes et l'acceptation de son pardon sont considérées comme relatifs à la relation personnelle que chaque croyant doit entretenir quotidiennement avec Dieu. De plus, le sacerdoce universel remet en question le monopole du clergé sur les sacrements : le pasteur n'est pas plus habilité qu'un autre pour les administrer. Le pardon est néanmoins régulièrement annoncé dans les cultes. Afin d'aider à l'acceptation, il peut aussi être prononcé par un autre fidèle, souvent le pasteur.

L'Eucharistie, plus communément appelée la « Sainte-Cène » est, avec le baptême, un des deux sacrements conservés par les protestants. Quelques distinctions subsistent. D'abord, les protestants n'acceptent pas l'idée selon laquelle l'Eucharistie est une actualisation du sacrifice du Christ. Pour eux, il s'agit principalement d'un acte mémoriel.

Ils refusent la «" transsubstantiation "», norme catholique selon lequel Jésus-Christ est réellement présent dans l'Eucharistie sous les apparences du pain et du vin. Luther y oppose l'idée de consubstantiation. Pour lui, le Christ est réellement présent dans le pain et le vin, mais ces deux derniers conservent aussi leur propre nature. Zwingli et dans une moindre mesure Calvin estiment quant à eux que la présence du Christ est symbolique.

Contrairement aux catholiques, les protestants n'ont pas le salut que par le baptême qui n'est efficace par lui-même, mais estiment qu'il doit être associé à la foi. Les luthériens et les calvinistes conservent néanmoins le baptême des enfants (pédobaptisme) à la demande des parents et pas aspersion. De leur côté, les mouvements évangéliques le rejettent et lui préfèrent le crédobaptisme, c'est-à-dire le baptême des croyants. Ces derniers doivent en faire eux-mêmes la demande et assister auparavant à une préparation catéchétique. Le baptême chez eux se réalise par immersion, à l'image de ceux de Jean le Baptiste dans le Jourdain.

Les protestants ne retiennent que les sacrements commandés par Jésus lui-même dans les Evangiles. En effet, pour eux, seules les Saintes Ecritures font autorité (*sola scriptura*). Ils considèrent ainsi que les autres sacrements catholiques n'ont aucune légitimité. La confirmation, l'onction des malades, l'ordination et le mariage sont donc écartés, même si les protestants se marient aussi religieusement.

Les protestants observent dans la dévotion à Marie de l'idolâtrie. S'ils acceptent que Marie est une croyante exemplaire et qu'elle a conçu de manière miraculeuse Jésus en étant vierge, ils ne croient pas en l'Immaculée conception, idée selon laquelle la Vierge est sans péché. Née de manière naturelle, d'un père et d'une mère, Marie a été tâchée, selon eux, par le péché originel.

Luther considère cependant que « "Marie fut libérée du péché originel pour que la chair du Rédempteur ne fût pas non plus effleurée par l'ombre du péché" ». Néanmoins tous les réformateurs ne sont pas d'accord avec lui.

Les protestants perçoivent également le culte des saints comme de l'idolâtrie. Toujours au nom du *solus Christus* et de la *soli Deo gloria*, ils refusent de les prier. De son côté, l'Eglise catholique fait distinction de culte de dulie, rendu aux saints, et la latrie, culte et adoration rendue à Dieu. Cette différence apparaît lors du concile des Trente en réponse aux réformateurs. Pour le culte de la Vierge, ils parlent d'hyperdulie.

Références

Derek, P. 1999. *Le combat spirituel Le quartier général : les lieux célestes le champ de bataille : nos esprits !* France.

Hegel.G.W.F.1835. *Esthétique*, Québec.

Wikipédia. *Histoire de l'Eglise catholique*, disponible sur Histoire de l'Église catholique — Wikipédia (wikipedia.org) Consulté jeudi 22 juin 2023 à 10 :15.

POLEGATE, S. *Différence entre protestants et catholiques*, disponible sur Différences entre protestants et catholiques (eglise-baptiste-joinville.com) Consulté Jeudi 22 Juin 2023 à 16:28.

Wikipédia. *Histoire du christianisme,* disponible sur Histoire du christianisme — Wikipédia (wikipedia.org), consulté jeudi 22 Juin 2023 à 16:52.

Wikipédia. Protestants et catholique Examen de sept différences, disponible sur Protestants et catholiques, l'examen des sept différences (aleteia.org) Consulté lundi 26 juin 2023 à 10 :58.

Olukoya. D.K. Octobre 2009. *Délivrance du cerveau*. Nigéria.

Table des matières

Printed by Books on Demand GmbH, Norderstedt / Germany